ANIMALES DEPREDADORES

Los lobos

SANDRA MARKLE

EDICIONES LERNER / MINNEAPOLIS

EL MUNDO ANIMAL ESTÁ LLENO DE DEPREDADORES.

Los depredadores son cazadores que para sobrevivir buscan, atrapan y devoran a otros animales, sus presas. Cada medio ambiente tiene su cadena de cazadores. Los depredadores más pequeños, más lentos y menos capaces se convierten en presas de cazadores más grandes, rápidos y astutos. En todo el mundo, son pocos los depredadores que están arriba de la cadena alimentaria. *En los lejanos bosques de los países del norte y en el helado Ártico, uno de ellos es el lobo.*

Es tarde, y estos lobos grises viajan a través de la alta llanura cubierta de nieve, en una larga cacería en busca de presas. Trotan en fila india, siguiendo al macho alfa, que es el líder y uno de los cazadores más fuertes del grupo.

El macho alfa mide 31 pulgadas (79 centímetros) de altura al nivel de los hombros. Sus largas patas le permiten abrirse camino con facilidad porque tienen la altura suficiente para atravesar la mayoría de los bancos de nieve. Los lobos que siguen sus huellas no tienen que usar tanta energía para avanzar por el sendero cubierto de nieve. Los lobos más jóvenes y pequeños al final de la fila trotan sin dificultades por la nieve aplastada.

Por fin, los lobos llegan al bosque. Olfatean la tierra nevada y varios lobos gimen de emoción. Han detectado el conocido olor de los alces. Los lobos conocen el mundo tanto por su olfato como por su vista. El largo hocico del lobo está revestido de células que detectan olores. El sentido del olfato del lobo es tan agudo que puede detectar presas a una distancia de hasta 1 milla (más de 1 kilómetro). Los lobos incluso pueden detectar el leve rastro de una presa que caminó por ese lugar varios días antes.

Los lobos avanzan, siguiendo su olfato hacia la fuente del olor. A medida que se acercan, escuchan a los alces. Las orejas del lobo son como antenas. Las mueven para apuntar hacia donde el sonido es más fuerte.

Cuando se acercan lo suficiente para ver a la presa, los alces ya saben que los lobos se aproximan. Las grandes orejas del alce también son como antenas, y sus grandes ojos, a los costados de la cabeza, le permiten ver casi todo su alrededor. Al ver la jauría de lobos que se acerca, los dos alces se separan. Cada uno corre por su propia ruta de escape a través del bosque.

Los lobos son parte de un grupo, una jauría, que trabaja en equipo para atrapar presas. Se centran en uno de los alces y lo persiguen.

Tratando de escapar de los cazadores, el alce se dirige a lo profundo del bosque. Sus largas patas le permiten correr con facilidad en la nieve. Los lobos necesitan más energía para surcar la profunda nieve. Por lo tanto, se turnan para perseguir al alce, a fin de que continúe corriendo. Mientras tanto, el resto de la jauría los sigue, y cada lobo toma la ruta más fácil que encuentra. Los miembros más jóvenes y menos fuertes de la jauría van detrás, corriendo por los senderos que ya han sido abiertos.

La patada de un alce puede romperles las mandíbulas, así que los lobos se mantienen a distancia hasta que el alce, casi exhausto, se detiene y enfrenta a sus atacantes. Entonces, la hembra alfa salta y rasga el costado del alce con los dientes antes de saltar a una distancia segura, fuera del alcance de las patadas del alce.

La jauría se une al ataque, saltando y mordiendo donde pueden. El alce se libera, pero apenas logra correr un corto trecho antes de que dos miembros de la jauría lo alcancen. Lo atacan juntos, mordiéndole las patas.

El macho alfa ataca al alce, mordiéndolo y desgarrándole la carne. La principal arma del lobo son sus poderosas mandíbulas, armadas con cuarenta y dos filosos dientes. Los cuatro agudos caninos miden casi 2 pulgadas (5 cm) cada uno. La jauría se une sin demoras al ataque. En minutos, el alce está muerto.

En cuanto termina la batalla, el espíritu de equipo de la jauría desaparece.
Los lobos comienzan a pelearse entre sí por una parte de la presa.

Con mordidas y gruñidos, el macho y la hembra alfa establecen rápidamente el dominio: ellos son los líderes. Arremeten contra el alce, reclamando su parte. Luego, el resto de la jauría se une al banquete.

Los lobos comen principalmente carne porque su estómago funciona mejor digiriendo carne y grasa. Un lobo adulto necesita cerca de 5 libras (unos 2 kilogramos) de carne por día para estar fuerte y sano, pero no es probable que cace presas grandes todos los días. Cuando la jauría caza un animal grande, cada lobo traga todo lo que le quepa en el estómago: hasta 20 libras (9 kg) de carne.

Satisfechos y con el estómago repleto, los lobos se acurrucan en la nieve, cubriéndose las patas y la nariz con la larga y tupida cola. Dormir es una buena manera de conservar energía para la próxima cacería.

Los carroñeros, como los cuervos y los zorros, también se alimentarán de los restos de la presa. Ellos y los lobos grises volverán a ella hasta que sólo queden huesos limpios. Las poderosas mandíbulas de los lobos incluso les permiten quebrar los largos huesos del alce para alimentarse de la médula, la sustancia grasosa del interior de los huesos. Si hay abundantes presas, los lobos pueden enterrar una reserva de trozos grandes de carne. Su sensible olfato les dirá dónde encontrar estas sobras para alimentarse si más adelante les es difícil encontrar presas.

La búsqueda de alimento dura todo el invierno. Cuando la jauría no encuentra presas grandes que compartir, los miembros deben cazar solos. A veces la comida puede ser sólo una liebre ártica.

Si la jauría tiene suerte, los lobos cazarán otro animal grande, como un ciervo o ante. Durante todo el invierno, los grandes animales que pastan están en movimiento, buscando alimento. Los lobos también van de un lugar a otro, buscando animales para cazar.

Para que la jauría tenga las mayores probabilidades de éxito, los lobos permanecen en su propio territorio de caza. Al trabajar en una zona que los lobos conocen bien, evitan competir con otros lobos por la cantidad limitada de presas grandes. Para evitar encuentros con jaurías vecinas, los lobos aúllan para anunciar dónde están. También marcan su territorio mediante el olor, orinando en los límites.

Por fin llega la primavera. Los días son más largos y la nieve que cubre las altas llanuras se derrite. Pronto, sólo quedan bancos de nieve escondidos como sombras blancas bajo salientes rocosas y bajo las ramas desplegadas de pinos gigantes. Mientras la cierva madre mastica la suave hierba fresca, el cervatillo se oculta entre las sombras del suelo del bosque.

El pelaje con manchas del joven ciervo hace que sea difícil de ver. Sin embargo, los lobos pueden detectar el olor del cervatillo y rastrearlo. Los ciervos, antes y alces dan a luz en la primavera. Cazar a las crías es fácil, y los lobos a menudo lo hacen solos.

Entre una y otra cacería, la jauría se reúne en un punto de encuentro cerca de una guarida, la cual es una cueva o túnel cavado en la tierra. Protegida en la guarida, la hembra alfa da a luz a tres cachorros, las únicas crías de la jauría.

Al principio, los cachorros están totalmente indefensos. No pueden abrir los ojos y tampoco tienen dientes. Ni siquiera pueden producir suficiente calor corporal para mantenerse calientes. Durante las tres primeras semanas de vida, la hembra les da todo lo que necesitan. Se acurruca alrededor de los cachorros para mantenerlos calientes y les da su leche, rica en nutrientes. Después de comer, les lame la barriga para que eliminen sus desechos. Luego, lame los desechos para que la guarida esté libre de cualquier olor delator que pudiera atraer a un puma u oso pardo hambriento. Cuando los lobos son pequeños, estos futuros depredadores corren peligro de convertirse en presas.

Cuando los cachorros cumplen tres semanas, ya han crecido lo suficiente para abandonar la guarida. La madre los saca con la boca, uno por uno, para que conozcan a los otros miembros de la jauría.

A partir de ese momento, toda la jauría ayuda a criar a los cachorros. Como la hembra alfa es uno de los miembros más fuertes de la jauría, vuelve a cazar mientras otra loba se queda a cuidar a los cachorros.

Además de la leche de la madre, los cachorros ahora comen carne parcialmente digerida. Cuando la jauría vuelve de una cacería, cada cachorro va rápidamente hacia uno de los adultos, gimiendo y lamiéndole la boca. Esto hace que los adultos devuelvan parte de la comida que está en su estómago para que los cachorros la coman.

Pronto, los cansados adultos se acuestan a dormir, pero los cachorros están ansiosos por explorar el mundo. Al ver una rana a la orilla del arroyo, uno de los cachorros la acecha. Justo cuando el cachorro salta, la rana se mete en el agua y escapa. Este juego es la primera lección del cachorro para aprender a cazar.

Después, los cachorros atacan un trozo de piel de ciervo que quedó de una presa reciente. Gruñendo como si estuvieran cazando de verdad, muerden y tiran hasta que la piel se rompe.

Cuando cumplen cuatro meses, los cachorros de lobo gris han crecido lo suficiente para convertirse en aprendices de cazador. Su sentido del olfato se ha aguzado y les están saliendo los dientes definitivos. Las patas han desarrollado duras almohadillas y son lo suficientemente altos para correr por arroyos y pastos altos.

En el lejano norte, las crías de los lobos árticos también aprenden a cazar. Las presas suelen ser escasas en esta tierra agreste. Cuando tienen la oportunidad, los lobos árticos cazan animales grandes, como este buey almizclero. Así tendrán alimento suficiente para varios días. Sin embargo, el buey almizclero no es una presa fácil. Cuando la jauría de lobos árticos persigue a una manada de bueyes almizcleros, necesitan a todos los miembros de la manada, incluso a los más jóvenes.

En estas regiones no hay árboles ni arbustos donde ocultarse. Los lobos los rodean al descubierto, viento abajo. Cuando un gran buey adulto da un gruñido de alarma, la manada de bueyes comienza a formar un círculo protector alrededor de las tres crías. La hembra alfa ataca para dispersar la manada de bueyes.

La jauría de lobos separa a una cría y se acerca. El macho alfa ataca primero. El mejor plan sería que los jóvenes lobos mordieran las patas de la cría para detenerla, pero son inexpertos e imitan a su padre, mordiendo también el cuello de la cría. Aun así, el esfuerzo en conjunto de la jauría es suficiente para dominar a la cría, que en cuestión de minutos está muerta. Ésta es la primera de muchas cacerías en las que los jóvenes lobos ayudarán a la jauría.

Cada año, a medida que nuevos cachorros nacen y crecen, las jaurías tienen mejores probabilidades de sobrevivir. Esto es porque, una vez más, estas familias de cazadores son una generación más fuerte.

Retrospectiva

- Observa al lobo que corre de la página 12. El pecho del lobo es muy angosto, por lo tanto las patas delanteras están bastante juntas. De hecho, al correr, las patas delanteras tocan el suelo una detrás de la otra, casi en el mismo punto.

- Observa los dientes del lobo de la página 14. ¿Ves cómo encajan los filosos dientes superiores e inferiores? Esos dientes pueden desgarrar la piel de la presa.

- Observa bien el pelaje de los lobos de la página 21. El pelo largo exterior actúa como un impermeable para no mojarse. El pelo interior parece lana y es como ropa interior de invierno que atrapa el calor del cuerpo. El lobo también tiene pelos erizados alrededor de las patas que las protegen del frío.

- Observa de nuevo al lobo de la página 25. Los dos ojos están ubicados hacia adelante y le permiten decidir cuánto tiene que saltar para morder a la presa.

- Vuelve a leer qué características del alce (páginas 8 a 14) y del buey almizclero (páginas 34 a 37) les sirven para protegerse de los lobos. ¿Qué defensas tienen en común estas presas?

Glosario

AULLIDO: sonido largo y tembloroso producido por los lobos para ayudar a reunir a la jauría, para señalar los derechos territoriales o por puro gusto

BUEY ALMIZCLERO: gran buey salvaje que vive en las regiones árticas de Canadá y Groenlandia. Su nombre proviene del fuerte olor que producen los machos durante la temporada de apareamiento.

DEPREDADOR: animal cazador

DIENTE: estructura dura y filosa de la boca del lobo que sirve para morder y masticar. Un lobo adulto tiene cuarenta y dos dientes.

GUARDIA: hogar oculto, como una madriguera o cueva, que la hembra alfa usa cuando nacen los cachorros

JAURÍA: grupo de lobos que viven y cazan juntos

LOBOS ALFA: los miembros más fuertes y dominantes de la manada. Un macho y una hembra alfa guían a la jauría. Por lo general son la única pareja que se aparea y tiene crías.

MANADA: grupo de animales del mismo tipo, que se alimentan y viajan juntos

MÉDULA: sustancia blanda y grasosa que se encuentra en la cavidad central de los huesos

PRESA: animal que un depredador caza para comer

RESERVA: trozos de carne que los lobos entierran cuando la comida es abundante y que desentierran cuando es escasa

TERRITORIO: zona dentro de la cual una jauría de lobos suele cazar

Información adicional

LIBROS

Brandenburg, Jim y Joann Bren Guernsey. *To the Top of the World: Adventures with Arctic Wolves.* Nueva York: Walker, 1995. Aprende acerca de las experiencias de la vida silvestre de un fotógrafo que vivió con una jauría de lobos árticos.

Johnson, Sylvia A. y Alice Aamodt. *Wolf Pack: Tracking Wolves in the Wild.* Minneapolis: Lerner Publications Company, 1985. Aprende sobre las jaurías de lobos y cómo los científicos las estudian.

Markle, Sandra. *Growing Up Wild: Wolves.* Nueva York: Atheneum, 2001. El texto y las fotografías describen el desarrollo de los lobos grises durante las distintas estaciones desde que nacen hasta que alcanzan la madurez.

Simon, Seymour. *Wolves.* Nueva York: HarperTrophy, 1995. Este libro describe la vida en una jauría de lobos.

VIDEOS

Wolves—A Legend Returns to Yellowstone (National Geographic, 1999). Esta película sigue a una de las jaurías de lobos introducidas en el Parque Yellowstone.

Wolves at Our Door (Discovery Home Video, 2000). Esta película sigue a una jauría de lobos criada por una pareja de personas y muestra el desarrollo y el comportamiento de los lobos.

Índice

Para mi buena amiga Andrea Platt, con amor

La autora desea agradecer al Dr. Eric Gese, biólogo investigador de la vida silvestre y ayudante de cátedra, Centro Nacional de Investigación sobre la Vida Silvestre, Departamento de Pesca y Vida Silvestre, Universidad Estatal de Utah-Logan, por compartir sus conocimientos y entusiasmo. Como siempre, un agradecimiento especial para Skip Jeffery, por su ayuda y apoyo.

Agradecimientos de fotografías

Las fotografías presentes en este libro se reproducen con autorización de: © Erwin y Peggy Bauer, págs. 1, 4, 28, 34; © Jim Brandenburg/ Minden Pictures, págs. 3, 16, 18, 21, 35, 36; © Daniel J. Cox/natural exposures.com, págs. 6, 12, 24; © Rolf Peterson, págs. 7, 8, 11, 13, 17; © Erwin y Peggy Bauer/ Bruce Coleman, Inc., págs. 9, 25, 33; © Gordon y Cathy Illg/ Animals Animals, pág. 14; © Tim Fitzharris/ Minden Pictures, pág. 15; © Tom Brakefield/Bruce Coleman, Inc., pág. 20; © Jessica A. Ehlers/Bruce Coleman, Inc., pág. 23; © Rich Kirchner, págs. 27, 29; © Art Wolfe, pág. 30; © Tom y Pat Leeson, págs. 31, 32.

Portada: © John Shaw/Bruce Coleman, Inc.

Traducción al español: © 2007 por ediciones Lerner
Título original: *Wolves*
Texto: copyright © 2004 por Sandra Markle

La edición en español fue realizada por un equipo de traductores nativos de español de translations.com, empresa mundial dedicada a la traducción.

ediciones Lerner
Una división de Lerner Publishing Group
241 First Avenue North
Minneapolis, MN 55401 EUA

Dirección de Internet: www.lernerbooks.com

Library of Congress Cataloging-in-Publication Data

Markle, Sandra.
   [Wolves. Spanish]
   Los lobos / por Sandra Markle.
     p. cm. — (Animales depredadores)
   Includes bibliographical references and index.
   ISBN-13: 978—0—8225—6489—8 (lib. bdg. : alk. paper)
   ISBN-10: 0—8225—6489—0 (lib. bdg. : alk. paper)
    1. Wolves—Juvenile literature. I. Title. II. Series: Markle, Sandra. Animales depredadores.
   QL737.C22M36418 2007
   599.773—dc22
                                                        2006010508

Fabricado en los Estados Unidos de América
1 2 3 4 5 6 — DP — 12 11 10 09 08 07